四川省地方标准

# 公路桥梁超高强钢管混凝土技术规程

DB 51/T 2598—2019

Technical Specification for Highway Bridges Ultra-high Strength Concrete Filled Steel Tube

主编单位：四川省公路规划勘察设计研究院有限公司
批准部门：四川省市场监督管理局
实施日期：2019 年 09 月 01 日

人民交通出版社股份有限公司

图书在版编目(CIP)数据

公路桥梁超高强钢管混凝土技术规程／四川省公路规划勘察设计研究院有限公司主编. — 北京：人民交通出版社股份有限公司, 2019.11
ISBN 978-7-114-15922-0

Ⅰ.①公… Ⅱ.①四… Ⅲ.①公路桥—钢管混凝土桥—技术规范 Ⅳ.①U448.14-65

中国版本图书馆 CIP 数据核字(2019)第 239941 号

| | |
|---|---|
| 书　　名： | 公路桥梁超高强钢管混凝土技术规程 |
| 著　作： | 四川省公路规划勘察设计研究院有限公司 |
| 责任编辑： | 黎小东 |
| 责任校对： | 张　贺　龙　雪 |
| 责任印制： | 张　凯 |
| 出版发行： | 人民交通出版社股份有限公司 |
| 地　　址： | (100011)北京市朝阳区安定门外外馆斜街 3 号 |
| 网　　址： | http://www.ccpress.com.cn |
| 销售电话： | (010)59757973 |
| 总 经 销： | 人民交通出版社股份有限公司发行部 |
| 经　　销： | 各地新华书店 |
| 印　　刷： | 北京市密东印刷有限公司 |
| 开　　本： | 880×1230　1/32 |
| 印　　张： | 1.25 |
| 字　　数： | 23 千 |
| 版　　次： | 2019 年 10 月　第 1 版 |
| 印　　次： | 2019 年 10 月　第 1 次印刷 |
| 书　　号： | ISBN 978-7-114-15922-0 |
| 定　　价： | 30.00 元 |

(有印刷、装订质量问题的图书,由本公司负责调换)

# 前　言

根据四川省质量技术监督局川质监函〔2016〕146号文件的要求，以四川省交通科技项目"超高强钢管混凝土的力学性能试验研究与桥梁工程应用研究""C60～C100超高强钢管混凝土制备技术研究"的成果为支撑，制定《公路桥梁超高强钢管混凝土技术规程》。

本规程主要技术内容包括：总则、术语和符号、材料、基本规定、承载力设计、构造原则。

本规程由四川省市场监督管理局审查批准，四川省交通运输厅负责管理，四川省公路规划勘察设计研究院有限公司负责具体技术内容的解释。在执行过程中如有意见和建议，请寄送至四川省公路规划勘察设计研究院有限公司（地址：成都市武侯祠横街1号，邮编：610041）。

主编单位：四川省公路规划勘察设计研究院有限公司
参编单位：西华大学
　　　　　四川交通职业技术学院
　　　　　武汉理工大学

主要起草人：牟廷敏、周孝军、范碧琨、赵艺程、丁庆军、李胜、梁健、王戈、李成君、倪春梅、孙才志、康玲、范翊、李畅、宋瑞年、何娇阳。

# 目 次

1 范围 ································································ 1

2 规范性引用文件 ················································ 2

3 总则 ································································ 3

4 术语与符号 ······················································· 6

   4.1 术语 ·························································· 6

   4.2 符号 ·························································· 7

5 材料 ······························································· 11

   5.1 钢材 ························································· 11

   5.2 超高强混凝土 ············································ 12

   5.3 超高强混凝土制备 ······································ 13

6 基本规定 ························································ 17

7 承载力设计 ····················································· 23

   7.1 轴心受压承载力计算 ·································· 23

   7.2 偏心受压承载力计算 ·································· 25

   7.3 受弯承载力计算 ········································· 26

   7.4 受剪承载力计算 ········································· 27

7.5 变形计算 ………………………………………………… 28
8 构造原则 ……………………………………………………… 29
本规程用词用语说明 …………………………………………… 32

# 1 范　围

本规程包括超高强钢管混凝土总则、术语和符号、材料、基本规定、承载力设计、构造原则等内容。

本规程适用于公路桥梁超高强钢管混凝土构件的设计和计算。

## 2 规范性引用文件

下列文件对于本规程的应用是必不可少的。凡是注日期的引用文件,仅注日期的版本适用于本文件。凡是不注日期的引用文件,其最新版本(包括所有的修改单)适用于本文件。

| | |
|---|---|
| GB 50923 | 钢管混凝土拱桥技术规范 |
| GB 50936 | 钢管混凝土结构技术规范 |
| JGJ/T D65-06 | 公路钢管混凝土拱桥设计规范 |
| JGJ/T 281 | 高强混凝土应用技术规程 |
| CECS 104 | 高强混凝土结构技术规程 |
| CECS 408 | 特殊钢管混凝土构件设计规程 |
| DB 51/T 1992 | 钢筋混凝土箱形拱桥技术规程 |
| DB 51/T 1995 | 机制砂桥梁高性能混凝土技术规程 |

# 3 总 则

**3.0.1** 为促进和规范超高强钢管混凝土在桥梁等结构工程领域的应用,保证工程结构安全适用、经济合理、技术先进、资源节约,制定本规程。

**3.0.2** 本规程适用于公路桥梁中圆形截面的超高强钢管混凝土构件的设计与计算。相关结构工程可参考使用。

**3.0.3** 超高强钢管混凝土的管内混凝土宜采用自密实补偿收缩混凝土,混凝土强度等级不宜小于C70,混凝土自由膨胀率不宜小于 $4 \times 10^{-4}$。

**条文说明**

现行公路工程规范中规定的混凝土最高强度等级指标为C80,实际工程中应用的最高混凝土强度等级主要为C60,C65偶有涉及,C70及以上混凝土强度等级基本没有根据现行规范的工程应用。基于科研成果与工程应用实践,本规程将钢管内混凝土强度等级达到C70时的钢管混凝土,称为超高强钢管混凝土。

**3.0.4** 超高强钢管混凝土宜用于轴心受压与小偏心受压构件,不宜用于受拉构件。

**条文说明**

试验研究表明,混凝土强度等级对钢管混凝土受拉的影响较小。超高强钢管混凝土的管内混凝土强度等级高,灌注与质量控制难度大,成本较高,受拉构件采用超高强钢管混凝土优势不明显。

**3.0.5** 超高强钢管混凝土的管内混凝土不得出现周边均匀型脱空缺陷;混凝土球冠型脱空率不应大于0.3%,最大脱空高度不应大于3mm。

**条文说明**

管内混凝土球冠型脱空缺陷的脱空高度如图3.0.5所示。

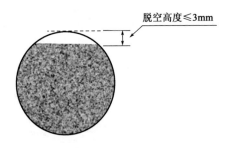

图3.0.5 球冠型缺陷与脱空高度示意图

**3.0.6** 实际工程灌注超高强钢管混凝土的管内混凝土时,拌和站与施工现场应做好人力资源、技术资源、材料资源、设备资源等协调设计。

**条文说明**

超高强钢管混凝土的管内混凝土强度等级高,胶凝材料用量大,工作性能损失较快,施工难度高,拌和站与施工现场资源调配不协调时,易导致混凝土运输与灌注不连续,从而造成混凝土堵管,引起质量事故。

3.0.7 超高强钢管混凝土构件的设计,除满足本规程外,尚应符合国家及行业现行有关标准的规定。

# 4 术语与符号

## 4.1 术 语

**4.1.1** 超高强钢管混凝土

利用超高强混凝土密实填充钢管而形成的组合结构材料。

**4.1.2** 超高强钢管混凝土构件

采用超高强钢管混凝土承受荷载的构件。

**4.1.3** 连接件

采用钢管、型钢等构件连接超高强钢管混凝土主管,形成整体受力的结构,本规程将该结构中主管间的连接构件称为连接件。

**4.1.4** 超高强混凝土

强度等级不低于C70的自密实补偿收缩混凝土。

**4.1.5** 超分散降黏外加剂

通过对聚羧酸分子链的主、侧链结构与官能团的设计,提高混凝土胶凝材料颗粒之间的静电斥力和空间位阻效应及分散程度，降低水的表面张力和表面能，实现降低超高强混凝土拌和物塑性黏度的外加剂。

**4.1.6 粉煤灰微珠**

燃煤火电厂从烟囱排出的飞灰，经过专用设备收集后得到的高活性球状玻璃体。

**4.1.7 自密实补偿收缩混凝土**

通过掺加适量膨胀剂或采用膨胀水泥制备的自密实高性能混凝土，其在密闭条件下产生的自由膨胀率为 $0.1 \times 10^{-4} \sim 4 \times 10^{-4}$，以补偿混凝土的收缩。

**4.1.8 钢管混凝土的体积稳定性**

灌入钢管内的混凝土初凝后，能补偿混凝土的收缩，使管内混凝土与钢管不脱黏的性能。

## 4.2 符 号

**4.2.1 作用、作用效应和抗力**

$M$——弯矩设计值；

$N$——轴向压力设计值；

$V$——剪力设计值；

$S$——构件作用组合的效应设计值；

$R$——构件的承载力设计值。

**4.2.2 材料性能**

$f_{ck}$——混凝土轴心抗压强度标准值；

$f_{cd}$——混凝土轴心抗压强度设计值；

$f_{tk}$——混凝土轴心抗拉强度标准值；

$f_{td}$——混凝土轴心抗拉强度设计值；

$f_y$——钢材的屈服强度；

$f_{sd}$——钢材的抗拉、抗压、抗弯强度设计值；

$f_{vd}$——钢材的抗剪强度设计值；

$f_{sc}$——超高强钢管混凝土轴心抗压强度设计值；

$\tau_{sc}$——超高强钢管混凝土抗剪强度设计值；

$E_{sc}$——超高强钢管混凝土组合弹性模量；

$E_s$——钢材弹性模量；

$E_c$——混凝土弹性模量；

$G_{sc}$——超高强钢管混凝土组合剪切模量；

$G_s$——钢材剪切模量；

$G_c$——混凝土剪切模量；

$\mu_c$——混凝土泊松比；

$\alpha$——线膨胀系数；

$\rho$——密度。

## 4.2.3 几何参数

$A_s$——钢管的截面面积；

$A_c$——混凝土的截面面积；

$a_s$——超高强钢管混凝土的截面的含钢率；

$A_{sc}$——超高强钢管混凝土的截面面积；

$D$——钢管外径；

$t$——钢管壁厚；

$e_0$——构件截面的偏心距；

$W_{sc}$——超高强钢管混凝土受弯构件组合截面模量；

$r$——超高强钢管混凝土组合截面的半径；

$I_{sc}$——超高强钢管混凝土组合截面惯性矩；

$I_s$——钢管截面惯性矩；

$I_c$——混凝土截面惯性矩；

$l_0$——超高强钢管混凝土构件的计算长度。

## 4.2.4 计算系数及其他

$\xi$——超高强钢管混凝土约束效应系数标准值；

$\xi_0$——超高强钢管混凝土约束效应系数设计值;

$\gamma_v$——截面抗剪修正系数;

$\gamma_m$——截面塑性发展系数;

$N_E$——欧拉临界力;

$\lambda$——构件长细比;

$\varphi_e$——弯矩折减系数;

$\eta$——偏心距增大系数;

$K_p$——钢管初应力折减系数;

$K_d$——混凝土脱空折减系数;

$\varphi_l$——长细比折减系数;

$\omega$——钢管初应力度;

$\sigma_0$——钢管初应力。

# 5 材 料

## 5.1 钢 材

**5.1.1** 超高强钢管混凝土构件中的钢管,应根据结构的重要性、荷载特征、应力状态、连接方式、环境条件等因素确定强度和质量等级。钢材常用强度等级为 Q355、Q390 与 Q420,钢材质量等级应根据使用环境温度选用 B 级及以上。

**5.1.2** 钢材质量应符合现行《低合金高强度结构钢》(GB/T 1591)的规定。

**5.1.3** 当径厚比不满足直缝钢管卷制要求时,钢管可采用符合国家和行业现行相关标准的螺旋焊接管或无缝钢管。

**5.1.4** 钢材的物理力学性能指标应满足表 5.1.4 的要求。

表 5.1.4 钢材的物理力学性能指标

| 弹性模量 $E_s$ (MPa) | 剪切模量 $G_s$ (MPa) | 线膨胀系数 $\alpha$ (1/℃) | 密度 $\rho$ (kg/m³) |
| --- | --- | --- | --- |
| $2.06 \times 10^5$ | $0.79 \times 10^5$ | $1.2 \times 10^{-5}$ | 7850 |

**5.1.5** 钢材的强度值应满足表5.1.5的要求。

表5.1.5 钢材的强度值

| 钢材 | | 抗拉、抗压和抗弯强度$f_{sd}$ | 屈服强度$f_y$ | 抗剪强度$f_{vd}$ |
|---|---|---|---|---|
| 强度等级 | 厚度(mm) | | | |
| Q355 | ≤16 | 310 | 355 | 180 |
| | 16～40 | 295 | 345 | 170 |
| Q390 | ≤16 | 350 | 390 | 205 |
| | 16～40 | 335 | 380 | 190 |
| Q420 | ≤16 | 380 | 420 | 220 |
| | 16～40 | 360 | 410 | 200 |

## 5.2 超高强混凝土

**5.2.1** 超高强混凝土轴心抗压强度标准值$f_{ck}$、轴心抗压强度设计值$f_{cd}$、轴心抗拉强度标准值$f_{tk}$、轴心抗拉强度设计值$f_{td}$、弹性模量$E_c$应按表5.2.1采用。超高强混凝土的剪切模量$G_c$可按表5.2.1中弹性模量$E_c$的0.4倍采用,超高强混凝土的泊松比$\mu_c$可采用0.2。

表5.2.1 超高强混凝土的强度和弹性模量(MPa)

| 混凝土强度等级 | | C70 | C80 | C90 | C100 | C110 | C120 |
|---|---|---|---|---|---|---|---|
| 标准值 | 轴心抗压$f_{ck}$ | 45.0 | 51.0 | 56.0 | 61.0 | 67.0 | 76.0 |
| | 轴心抗拉$f_{tk}$ | 3.0 | 3.1 | 3.3 | 3.5 | 3.8 | 4.0 |

表 5.2.1(续)

| 混凝土强度等级 | | C70 | C80 | C90 | C100 | C110 | C120 |
|---|---|---|---|---|---|---|---|
| 设计值 | 轴心抗压 $f_{cd}$ | 31.8 | 36.1 | 40.0 | 43.7 | 48.0 | 54.0 |
| | 轴心抗拉 $f_{td}$ | 2.1 | 2.2 | 2.4 | 2.5 | 2.7 | 2.9 |
| 弹性模量 $E_c$ ($\times 10^4$) | | 3.7 | 3.7 | 3.8 | 3.9 | 4.0 | 4.1 |

**5.2.2** 超高强混凝土工作性能要求应满足表 5.2.2 的规定。

表 5.2.2 超高强混凝土工作性能

| 坍落度 (cm) | | 扩展度 (cm) | | U形箱填充高度(cm) | V形漏斗通过时间(s) | $T_{50}$(s) | 初凝时间(h) |
|---|---|---|---|---|---|---|---|
| 入泵 22~28 | 3h: ≥20 | 入泵 55~70 | 3h: ≥50 | ≥30 无障碍 | 10~25 | 5~20 | ≥$t_w$ |

注:$t_w$ 指从混凝土开始拌制至灌注完成的时间。

**5.2.3** 超高强混凝土在密闭环境下的自由膨胀率宜控制在 $0.1 \times 10^{-4} \sim 4 \times 10^{-4}$,其体积稳定收敛期应小于 60d。

## 5.3 超高强混凝土制备

**5.3.1** 管内超高强混凝土制备时,宜选用强度等级为 52.5 的硅酸盐水泥或普通硅酸盐水泥。

**5.3.2** 用于轧制碎石和机制砂的母岩,在水饱和状态下,其抗压强度不应小于混凝土强度等级的1.15倍,且应清除表面覆盖泥土,不得混入杂物。

5.3.3 制备管内超高强混凝土的砂应符合下列要求:

1 宜选细度模数为2.5~3.2的中砂或粗砂;砂的单级最大压碎指标应小于20%。

2 天然砂的含泥量应小于3.0%,且不应含有泥块;机制砂的石粉、泥块含量应符合表5.3.3的规定。

表5.3.3 机制砂的泥块、石粉含量限值

| 混凝土强度等级 | C70~C100 | >C100 |
|---|---|---|
| 泥块含量(按质量计,%) | 0 | 0 |
| 石粉含量(MB≤1.0)(按质量计,%) | ≤10.0 | ≤5.0 |

5.3.4 制备管内超高强混凝土的碎石应符合下列要求:

1 碎石的最大粒径不宜大于20mm,宜采用5~10mm和10~20mm或10~16mm两级集料组合形成连续级配。

2 碎石中含泥量、泥块含量、针片状颗粒含量以及压碎值、坚固性应符合表5.3.4的规定。

表5.3.4 碎石性能指标要求

| 项 目 | 性能指标 | |
|---|---|---|
| | C70~C100 | >C100 |
| 含泥量(%) | ≤0.5 | ≤0.2 |
| 泥块含量(%) | 0 | 0 |

表 5.3.4(续)

| 项 目 | 性 能 指 标 | |
|---|---|---|
|  | C70～C100 | ＞C100 |
| 针片状颗粒含量(按质量计,%) | ≤5 | ≤3 |
| 压碎值(%) | ≤10 | ≤8 |
| 坚固性,5次循环后的质量损失(%) | ≤5 | ≤5 |

5.3.5 制备管内超高强混凝土的矿物掺合料宜采用硅灰、粉煤灰微珠、粒化高炉矿渣粉等,并符合下列要求:

1 硅灰的 $SiO_2$ 含量宜大于 90%,比表面积不宜小于 20000$m^2$/kg。

2 粉煤灰微珠的需水量比宜小于90%,比表面积不宜小于 800$m^2$/kg,其粒径分布范围 $d_{95}$≤10μm,28d 强度活性指数≥80%,烧失量≤5%。

3 粒化高炉矿渣粉≥S95级,比表面积不宜小于400$m^2$/kg。

5.3.6 管内超高强混凝土选用的膨胀剂,应对混凝土工作性能影响小、膨胀性能稳定,水中限制膨胀率7d大于0.05%、空气中[温度(20±2)℃,相对湿度(60±5)%]21d大于0%。

5.3.7 管内混凝土宜采用聚羧酸系减水剂,其减水率应大于25%,应通过合成技术实现减水、超分散降黏、增韧、保坍等功能,且制备的混凝土拌和物含气量宜小于2.5%。

**5.3.8** 管内混凝土的配合比,应采用基于额定粉体材料用量法的密实骨架堆积法进行设计,并试配确定胶凝材料用量、外加剂的最佳掺量、最小用水量,进行混合料的计算,通过反复试配和调整确定。

# 6 基本规定

**6.0.1** 超高强钢管混凝土构件应符合下列要求：

1 钢管外径不宜大于2000mm。

2 钢管壁厚不宜小于12mm。

3 钢管径厚比($D/t$)不宜大于50。

4 含钢率$a_s$应按式(6.0.1-1)计算，其值不应小于0.08。

$$a_s = \frac{A_s}{A_c} \quad (6.0.1\text{-}1)$$

式中：$a_s$——超高强钢管混凝土构件的截面含钢率；

$A_s$——钢管的截面面积($m^2$)；

$A_c$——管内混凝土的截面面积($m^2$)。

5 约束效应系数标准值$\xi$应按式(6.0.1-2)计算，且取值不宜小于0.8。

$$\xi = \frac{A_s f_y}{A_c f_{ck}} \quad (6.0.1\text{-}2)$$

式中：$\xi$——超高强钢管混凝土的约束效应系数标准值；

$A_s$——钢管的截面面积($mm^2$)；

$A_c$——管内混凝土的截面面积($mm^2$)；

$f_y$——钢材的屈服强度(MPa)；

$f_{ck}$——管内混凝土的轴心抗压强度标准值(MPa)。

**6.0.2** 超高强钢管混凝土构件承载能力极限状态计算应按式(6.0.2)确定。

$$\gamma S \leqslant R \quad (6.0.2)$$

式中：$S$——作用组合的效应设计值；

$R$——构件承载力设计值；

$\gamma$——桥梁结构的重要性系数。持久、短暂、偶然状况时，桥梁结构重要性系数取1.1；地震状况时，桥梁结构重要性系数取0.85。

**6.0.3** 单肢超高强钢管混凝土构件受压的偏心率宜满足式(6.0.3)的要求。

$$\frac{e_0}{D} \leqslant 0.77 \quad (6.0.3)$$

式中：$e_0$——超高强钢管混凝土构件截面中心的偏心距(m)，

$e_0 = \dfrac{M}{N}$；

$N$——超高强钢管混凝土构件轴向力设计值(kN)；

$M$——超高强钢管混凝土构件截面轴向力设计值对应的弯矩设计值(kN·m)；

$D$——超高强钢管混凝土构件截面直径(m)。

**6.0.4** 截面含钢率、钢管强度等级与混凝土强度等级匹配关系宜满足表 6.0.4 的要求。

表 6.0.4 截面含钢率、钢管强度等级与混凝土强度等级匹配关系

| 钢管强度等级 | Q355 | | Q390 | | Q420 |
|---|---|---|---|---|---|
| 混凝土强度等级 | C70~C90 | C100~C120 | C70~C90 | C100~C120 | C100~C120 |
| 含钢率 | ≥0.10 | ≥0.12 | ≥0.08 | ≥0.10 | ≥0.10 |

**6.0.5** 管内混凝土的强度检验和评价龄期宜以 60d 为基准,28d 龄期强度不应低于 60d 龄期强度的 90%。

**条文说明**

超高强钢管混凝土的管内混凝土强度等级高,水泥用量多、水胶比低,浆体黏稠度大,为改善混凝土拌和物工作性能,需要掺入较多粉煤灰微珠等矿物掺合料。试验研究表明,粉煤灰微珠掺量较高时,对混凝土 28d 龄期强度有一定影响,但能促进混凝土中后期强度发展,60d 龄期时其强度增长趋于稳定。

**6.0.6** 超高强钢管混凝土受压本构关系,应采用"统一理论"的全过程曲线,如图 6.0.6 所示。

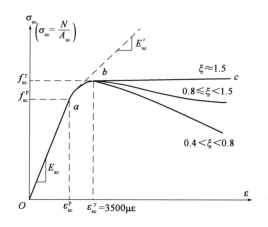

图 6.0.6 超高强钢管混凝土轴压 $\sigma_{sc}$-$\varepsilon$ 全过程关系曲线

**条文说明**

短柱模型试验研究表明,超高强钢管混凝土的力学行为符合钢管混凝土"统一理论"。钢管混凝土"统一理论"的具体内容是:将钢管混凝土视为一种组合结构材料,用构件的整体几何特性(全截面面积、抵抗矩等)和钢管混凝土的组合力学性能指标,来计算构件的各项承载力,不再区分钢管和管内混凝土。构件的各项承载能力随着物理参数、几何参数和应力状态的改变而改变,变化是连续的、相关的。其组合应力与组合惯性矩按试验得出:

1  导出钢材和混凝土在三向受力状态下的本构关系数学表达式;

2  用有限元法计算得到钢管混凝土在各种应力状态下(轴压、偏压和受弯、受剪等)的荷载-变形关系曲线;

3 根据上述全过程曲线,确定极限准则,定出承载力组合设计指标。

通过钢管混凝土构件的试验,得出的本构关系已包括约束力效应,因此,确定的组合设计指标含约束效应。钢管混凝土组合指标除试验确定的组合应力 $f_{sc}$、组合弹性模量 $E_{sc}$ 外,还包括计算确定的组合截面积 $A_{sc}$ 和组合惯性矩 $I_{sc}$。

超高强钢管混凝土轴心受压($\frac{L}{D}=3 \cdot 3.5$,$L$ 为计算长度,$D$ 为截面直径)时的 $\sigma_{sc}$-$\varepsilon$ 典型全过程曲线图,纵坐标 $\sigma_{sc}$ 为截面的名义应力,按式(6.0.6)计算。

$$\sigma_{sc} = \frac{N}{A_{sc}} \quad (6.0.6)$$

式中:$A_{sc}$——截面总面积($m^2$),$A_{sc} = \frac{\pi D^2}{4}$;

$D$——超高强钢管混凝土试件截面直径(m)。

当约束效应系数标准值处于 $0.4 < \xi < 0.8$ 时,钢管对管内混凝土的约束效应较小,钢管局部屈曲明显,超高强钢管混凝土试件呈现出与混凝土趋近的力学行为,不出现塑性段,组合应变达到屈服应变 $\varepsilon_{sc}^y$ ($=3500\mu\varepsilon$) 时,$\sigma_{sc}$-$\varepsilon$ 曲线出现较快下降。

当约束效应系数标准值处于 $0.8 \leqslant \xi < 1.5$ 时,超高强钢管混凝土组合应变达到屈服应变 $\varepsilon_{sc}^y$ 后,钢管不能完全限制管内混凝土的变形,试件 $\sigma_{sc}$-$\varepsilon$ 曲线出现缓慢下降,直到钢材进入强化阶段,对

管内混凝土的约束力提升，$\sigma_{sc}$-$\varepsilon$ 曲线呈现更平缓的下降趋势，试件的剩余承载力保持较稳定。

当约束效应系数标准值 $\xi \approx 1.5$ 时，钢管对管内混凝土的约束效应较大，超高强钢管混凝土试件达到屈服状态后（组合应变达到屈服应变 $\varepsilon_{sc}^{y}$），纵向应变增长较快但承载力不降低，$\sigma_{sc}$-$\varepsilon$ 曲线近似水平发展，试件表现出较好的塑性性质。

# 7 承载力设计

## 7.1 轴心受压承载力计算

**7.1.1** 超高强钢管混凝土构件截面抗压强度设计值应按式(7.1.1)计算。

$$f_{sc} = (1.490 + 0.689\xi_0)f_{cd} \qquad (7.1.1)$$

式中：$f_{sc}$——超高强钢管混凝土轴心抗压强度设计值(MPa)；

$\xi_0$——超高强钢管混凝土的约束效应系数设计值，$\xi_0 = \dfrac{A_s f_{sd}}{A_c f_{cd}}$；

$f_{sd}$——钢材的抗压强度设计值(MPa)；

$f_{cd}$——管内混凝土的轴心抗压强度设计值(MPa)。

**条文说明**

试验研究表明，按普通钢管混凝土组合截面强度计算方法，计算超高强钢管混凝土构件截面抗压强度时存在较大偏差，对低含钢率的超高强钢管混凝土，其计算值偏低，而对高含钢率的超高强钢管混凝土，其计算值偏高。因此，根据试验测试结果与参数分析，得到超高强钢管混凝土的组合强度计算方法。

**7.1.2** 超高强钢管混凝土构件钢管初应力折减系数 $K_p$ 应按式(7.1.2)计算。

$$K_p = 1.0 - 0.15\omega \quad (7.1.2)$$

式中：$\omega$——钢管初应力度，$\omega = \dfrac{\sigma_0}{f_{sd}}$，$\omega$ 取值不应超过 0.65；

$\sigma_0$——钢管初应力(MPa)，取钢管截面初应力的最大值。

**7.1.3** 超高强钢管混凝土构件承载能力极限状态验算时，应计入管内混凝土脱空影响，脱空折减系数 $K_d$ 取值 0.95，并应符合下列要求：

**1** 当管内混凝土球冠型脱空率大于 0.3%，或脱空高度大于 3mm 时，应对管内混凝土脱空缺陷进行修补灌注。

**2** 超高强钢管混凝土构件不得出现周边均匀型脱空缺陷。

**7.1.4** 超高强钢管混凝土受压构件长细比折减系数 $\varphi_l$ 计算应满足以下要求：

**1** 超高强钢管混凝土受压构件长细比应小于 50。

**2** 超高强钢管混凝土受压构件长细比折减系数按式(7.1.4-1)、式(7.1.4-2)计算。

$4 < \dfrac{l_0}{D} \leq 50$ 时

$$\varphi_l = 1 - 0.115\sqrt{\dfrac{l_0}{D} - 4} \quad (7.1.4\text{-}1)$$

$\dfrac{l_0}{D} \leqslant 4$ 时

$$\varphi_1 = 1 \qquad (7.1.4\text{-}2)$$

式中：$\varphi_1$——超高强钢管混凝土受压构件长细比折减系数；

$l_0$——超高强钢管混凝土构件的计算长度(mm)。

**7.1.5** 超高强钢管混凝土构件的轴心受压承载力应按式(7.1.5)验算。

$$\gamma N \leqslant \varphi_1 K_p K_d f_{sc} A_{sc} \qquad (7.1.5)$$

式中：$\gamma$——桥梁结构的重要性系数，按6.0.2条取值；

$N$——超高钢管混凝土轴心受压构件的轴向力设计值($10^3$kN)；

$\varphi_1$——长细比折减系数，按7.1.4条取值；

$K_p$——钢管初应力折减系数，按7.1.2条取值；

$K_d$——混凝土脱空折减系数，按7.1.3条取值；

$A_{sc}$——钢管混凝土组合截面面积($m^2$)。

## 7.2 偏心受压承载力计算

**7.2.1** 超高强钢管混凝土构件的偏心受压承载力应按式(7.2.1-1)～式(7.2.1-4)验算。

$$\gamma N \leqslant \varphi_1 \varphi_e K_p K_d f_{sc} A_{sc} \qquad (7.2.1\text{-}1)$$

$$\varphi_e = \cfrac{1}{1 + \cfrac{1.85\eta e_0}{r}} \qquad (7.2.1\text{-}2)$$

$$\eta = \cfrac{1}{1 - \cfrac{0.4N}{N_E}} \qquad (7.2.1\text{-}3)$$

$$N_E = \pi^2 E_{sc} \frac{A_{sc}}{\lambda^2} \qquad (7.2.1\text{-}4)$$

式中：$\varphi_e$——弯矩折减系数；

$\eta$——偏心距增大系数；

$e_0$——构件截面的偏心距(m)；

$r$——钢管混凝土组合截面的半径(m)；

$N_E$——欧拉临界力(kN)；

$\lambda$——构件长细比。

## 7.3 受弯承载力计算

**7.3.1** 超高强钢管混凝土构件的受弯承载力应按式(7.3.1)验算。

$$\gamma M < \gamma_m W_{sc} f_{sc}$$

$$W_{sc} = \frac{\pi r^3}{4}$$

$$\gamma_m = -0.483\xi_0 + 1.926\sqrt{\xi_0}$$

式中：$M$——弯矩设计值(kN·m)；

$\gamma_m$——截面塑性发展系数；

$W_{sc}$——受弯构件组合截面模量($mm^3$)。

**条文说明**

试验研究表明,管内混凝土强度对钢管混凝土受弯破坏形态、失效模式、承载能力等影响较小。因此,超高强钢管混凝土构件受弯承载力计算,采用普通钢管混凝土构件受弯承载力以及相应的截面塑性发展系数计算方法。

## 7.4 受剪承载力计算

**7.4.1** 超高强钢管混凝土构件截面抗剪强度设计值应按式(7.4.1)计算。

$$\tau_{sc} = (0.422 + 0.313 a_s^{2.33}) \xi_0^{0.134} f_{sc} \qquad (7.4.1)$$

式中：$\tau_{sc}$——超高强钢管混凝土抗剪强度设计值(MPa)。

**7.4.2** 超高强钢管混凝土构件的抗剪承载力应按式(7.4.2)验算。

$$\gamma V \leqslant \gamma_v A_{sc} \tau_{sc} \qquad (7.4.2)$$

式中：$V$——超高强钢管混凝土截面剪力设计值($10^3$kN)；

$\gamma_v$——截面抗剪修正系数,$\gamma_v = -0.2953 + 1.2981\sqrt{\xi_0}$。

## 7.5 变形计算

**7.5.1** 超高强钢管混凝土构件的截面刚度可按式(7.5.1-1)~式(7.5.1-3)计算。

$$E_{sc}A_{sc} = E_s A_s + 0.85 E_c A_c \quad (7.5.1\text{-}1)$$

$$E_{sc}I_{sc} = E_s I_s + 0.6 E_c I_c \quad (7.5.1\text{-}2)$$

$$G_{sc}A_{sc} = G_s A_s + 0.6 G_c A_c \quad (7.5.1\text{-}3)$$

式中：$E_{sc}A_{sc}$——超高强钢管混凝土构件的组合轴压刚度；

$E_{sc}I_{sc}$——超高强钢管混凝土构件的组合抗弯刚度；

$G_{sc}A_{sc}$——超高强钢管混凝土构件的组合剪切刚度；

$E_s$、$E_c$——钢材、管内混凝土的弹性模量；

$G_s$、$G_c$——钢材、管内混凝土的剪切模量；

$A_s$、$A_c$——钢管、管内混凝土的截面面积；

$I_s$、$I_c$——钢管、管内混凝土的截面惯性矩。

# 8 构造原则

**8.0.1** 超高强钢管混凝土主管间的连接件,应具有足够的强度与刚度。

**条文说明**

为使桁式超高强钢管混凝土结构的主管弯矩小,实现小偏心受压的原则要求,应保证连接件的强度与刚度;以控制主管小偏心时的弯矩限值为目标,通过连接件构造的多方案计算与论证实现。

**8.0.2** 超高强钢管混凝土主管与连接件的连接应满足下列要求:

1 连接接头的节点连接强度,应大于连接件的强度;

2 连接件的钢板板厚或钢管壁厚不应超过0.8倍主管壁厚;

3 连接件与主管的焊接,应采用全熔透焊,焊缝内部质量与外观成型质量应满足相关规范要求。

**8.0.3** 超高强钢管混凝土主管与基础的连接构造应满足下列要求:

1 主管与基础的连接构造,主管的锚固段长度不宜小于2.5倍主管直径;

2 锚固段主管,宜采用底座承压钢板、带孔加劲钢板、主管锚固段开孔等锚固构造;

**3** 承压钢板底部应设分布钢筋网片,带孔加劲钢板和开孔主管的孔内应穿钢筋,锚固段主管周边应设螺旋钢筋;

**4** 基础采用的混凝土强度等级宜为C30或C40。

**8.0.4** 超高强钢管混凝土主管与主管的连接构造应满足下列要求:

**1** 主管与主管对接连接,钢管对接的错边量应满足相关规范要求,且应采用全熔透焊;

**2** 主管与主管临时连接可采用内法兰或外法兰的方式,但法兰连接不应计入成桥受力计算;

**3** 主管内混凝土在对接连接处应密实、均匀,且应进行100%检测。

**8.0.5** 当桥梁的曲线构件为超高强钢管混凝土,其主管采用"以折代曲"时,主管直线的分段长度,应以"以折代曲"的弦弧高小于20mm为控制原则进行设计。

**条文说明**

用短折线代替曲线的方法即为"以折代曲",如图8.0.5所示。主管采用"以折代曲"时,圆弧与直线段之间的最大偏差称为弦弧高。

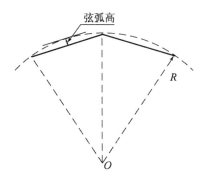

图 8.0.5 "以折代曲"示意图

# 本规程用词用语说明

**1** 为便于在执行本规程条文时区别对待,对要求严格程度不同的用词说明如下:

1) 表示很严格,非这样做不可的:
正面词采用"必须",反面词采用"严禁"。

2) 表示严格,在正常情况下均应这样做的:
正面词采用"应",反面词采用"不应"或"不得"。

3) 表示允许稍有选择,在条件许可时首先应这样做的:
正面词采用"宜",反面词采用"不宜"。

4) 表示有选择,在一定条件下可以这样做的,采用"可"。

**2** 条文中指定按其他有关标准执行的写法为"应按……执行"或"应符合……的规定"。